PARÁBOLAS DO REINO
E DE SABEDORIA

PARÁBOLAS DO REINO E DE SABEDORIA

ALDIVAN TORRES

Canary Of Joy

Contents

1 "Parábolas do Reino e de Sabedoria"   1

I

"Parábolas do Reino e de Sabedoria"

Aldivan Teixeira Torres

PARÁBOLAS DO REINO E DE SABEDORIA

Autor: Aldivan Teixeira Torres
©2018-Aldivan Teixeira Torres
Todos os direitos reservados

Este livro, incluindo todas as suas partes, é protegido por Copyright e não pode ser reproduzido sem a permissão do autor, revendido ou transferido.

Aldivan Teixeira Torres, natural de Arcoverde-PE, é um escritor consolidado em vários gêneros. Até o momento tem títulos publicados em nove línguas. Desde cedo, sempre foi um amante da arte da escrita tendo consolidado uma carreira profissional a partir do segundo semestre de 2013. Espera com seus escritos contribuir para a cultura Pernambucana e Brasileira, despertando o prazer de ler naqueles que ainda não tenham o hábito. Sua missão é conquistar o coração de cada um dos seus leitores. Além da literatura, seus gostos principais são a música, as viagens, os amigos, a família e o próprio prazer de viver. "Pela literatura, igualdade, fraternidade, justiça, dignidade e honra do ser humano sempre" é o seu lema.

SUMÁRIO

"Parábolas do Reino e de Sabedoria"
Parábolas Do Reino e De Sabedoria
Introdução
O Primogênito E o Bastardo
O cavaleiro negro
O cavaleiro negro: Significado
O verdadeiro amigo
O verdadeiro amigo (significado)
Os dois empregados
Os dois empregados (significado)
A grande macieira
A grande macieira (significado)
O humilde E o Orgulhoso
A parábola do homem insensato
A plantação
O celeiro E a cobra
Os dois plebeus
Parábola da criação
O reino
A verdadeira vitória
O Comerciante e o Consumidor
Os dois pastores
O menino rico e o menino pobre
O Alienígena E o Terráqueo

O Labirinto
O jogo da vida
O Peixe e a estrela
O companheiro invisível
O bêbado E o consciente
O antiquário
O bibliotecário
O prevenido e o imprudente
A chave
O Sapo e a Borboleta
Uma importante lição
Parábola da vida
O pescador e os peixes
Conclusão

Introdução

Parábolas do Reino e de sabedoria é uma coletânea de parábolas que tem por finalidade a instrução para diversas situações que ocorrem em nossa vida. Busquemos nestas parábolas o fio que desenrola a meada de nossos problemas e viveremos melhor.

Espero que elas contribuam de alguma forma na vida dos leitores e se pelo menos uma pessoa ficar satisfeita com esse livro darei como bem empregado o tempo usado em sua confecção. Um abraço.

O autor

O Primogênito E o Bastardo

Josué era um próspero comerciante de Recife. Era casado e possuía dois filhos chamados Abelardo e Roger. Abelardo era filho dele com sua esposa legítima e Roger era fruto de uma relação extraconjugal. Os dois foram criados juntos e eram tratados da mesma forma pelos seus pais. Quando cresceram, souberam da verdade de que eram apenas meios-irmãos. Inicialmente, isso não afetou o relacionamento dos dois com eles aceitando bem. Porém, com o passar do tempo, O primogênito (Abelardo) começou a implicar com o seu meio-irmão, pois, ele queria sempre uma maior atenção dos pais o que não acontecia.

Com a inauguração de mais duas lojas, Josué resolveu convocar uma reunião de família para declarar uma decisão sua. Os filhos compareceram e o pai deles iniciou o diálogo.

"Meus filhos, estamos aqui reunidos para deliberar sobre uma importante questão: A administração das novas lojas que acabo de inaugurar. Eu já estou muito atarefado com as que tenho. Por isso, vou repassá-las para os meus dois filhos. Cada um de vocês ficará com uma loja. Não estou discriminando ninguém, pois às duas tem a mesma capacidade de vendas. O que me dizem? Aceitam?

O primogênito levantou-se furioso e protestou:

"Não é justo. Eu tenho o direito de ficar com às duas lojas, pois eu sou o teu filho verdadeiro, o fruto do verdadeiro amor. Enquanto este aí, não passa dum erro.

O pai, revoltado, partiu para cima dele e o esbofeteou.

"Você é quem não tem o direito de humilhá-lo. Ele é o meu filho tanto quanto você é. O que é meu eu faço o que quiser? Por esta atitude, eu vou tirar-lhe a administração da loja e entregar a este meu outro filho porque ele nem sequer abriu a boca para reclamar da minha decisão. A quem merece, será dado ainda mais.

O cavaleiro negro

Havia, em um reino distante, um rei extremamente bom e poderoso. Ele era servido por inúmeros servos fiéis que o amavam. A cada dia, ele escolhia mais alguns para cultivar o seu trigal, pois ele era imenso. Dentre os trabalhadores, havia um chamado Angel que era um dos mais importantes servos. Ele possuía seis talentos de relevante importância. Porém, não sabia como manejar essas ferramentas e acabava sem querer machucando os outros. O rei, todo-poderoso, tomou conhecimento de seus atos por conta do prejuízo que ele estava lhe causando. A cada deslize seu, o rei pagava uma enorme quantia em indenização aos seus credores. O tempo foi passando e Angel sem perceber continuava semeando joio em vez de trigo. O rei o amava. Dentre os servos, não havia ninguém acima dele. Entretanto, o rei percebeu que se não tomasse uma atitude enérgica ele iria estragar a plantação e com isso seria sentenciado à prisão por mais que isso lhe doesse. Então o rei decidiu enviar o cavaleiro negro.

O cavaleiro negro também chamado peste devastadora era o Primeiro mal que se tinha conhecimento em seu trigal. Ele é o pai da mentira e da malícia. Ele se aproximou de Angel e começou a bradar:

"O joio que sem querer você me semeou o recolherei agora. Na volta, eu venho buscá-lo também.

Nisto, um cavaleiro branco apareceu e complementou:

"Isto é apenas um aviso. Se você continuar realizando seus crimes também será condenado como foi este joio. O rei enviou-me aqui para alertá-lo. Ele sabe que você semeou joio pensando ser trigo. Por isto ele o poupou desta peste. Agora, continue seu trabalho e cuidado para não semear mais joio.

Agora, Angel teve a prova do verdadeiro amor que o senhor tinha por ele. A partir daquele dia, ele se emendaria e cultivaria a seara com uma maior presteza.

O cavaleiro negro: Significado

O rei representa o criador. Os súditos representam suas criaturas. O trigal é o mundo. As ferramentas são os talentos que Deus nos dá quando nascemos. Angel é um espírito superior enviado por Deus para iluminar o mundo. Por conta do seu dom, algumas vezes prejudicaram seus semelhantes. O rei o trata como filho. Por isso, perdoa seus deslizes. A atitude enérgica representa a força celeste que esclarece o verdadeiro caminho do bem. O cavaleiro negro são as forças do mal que tentam de todas as formas possíveis prejudicarem os servos do altíssimo. O cavaleiro branco representa os guardiões celestiais que protegem os espíritos de luz. Moral da parábola: Deus sempre está disposto a dar uma segunda oportunidade aqueles que reconhecem seus erros.

O verdadeiro amigo

Gílson, Humberto e Ronald eram amigos inseparáveis. Os três conheciam-se desde quando estudavam o ensino elementar. Passou-se a infância, veio à juventude e continuavam amigos. Casaram-se e apesar do tempo ficar mais curto continuaram a ver-se nos finais de semana. Às vezes, os três saíam sozinhos quando o programa que iriam curtir era apropriado só para homens: jogos, pesca, passeios de aventura. Certo final de semana, combinaram um passeio de lancha nas redondezas da bela Angra dos Reis. Eles prepararam tudo: aprontaram um belo churrasco, levaram algumas caipirinhas e bastante soda. Além disso, traziam consigo um potente aparelho de som para encenar alguns clássicos do samba. A festa estava agitada e o porre também. Nesse vaivém, Gílson aproximou-se da extremidade da lancha sem perceber, pois, o tempo estava nublado e a neblina começou a ficar densa impossibilitando-lhe a visão clara de onde eles estavam. O ritmo da festa diminuiu e eles resolveram descansar um pouco. Plumb! O barulho de algo caindo na água e o estridente grito de alguém chamou a atenção de todos. Era Gílson: Um escorregão o desequilibrou e seu corpo fora jogado sob as águas. Eu não sei nadar! Gritava.

Humberto ponderou e declarou: "Eu também não sei nadar. Eu não vou arriscar-me por ele, pois tenho filhos para criar.

Ronald, sentiu-se estremecer por dentro e comoveu-se com a situação do colega. Resolveu: "Eu também não sei nadar. Porém, ele é meu amigo e não vou deixá-lo sozinho nesta situação difícil.

Outro barulho: Plumb! Ronaldo lançou-se nas tempestuosas águas para ajudá-lo. Envolto por neblina, gritava o nome dele com o intuito de localizá-lo. Algo clareou o seu caminho e encontrou Gílson quase sem fôlego e sem forças para nadar. Ao vê-lo, Gílson exclamou:

"Não devia ter vindo. Eu sei que você também não sabe nadar. Nós vamos sucumbir juntos!

Ronald respondeu:

"Eu não me importo. Lembra-se de como você me ajudou naquela crise financeira desesperadora? Eu e minha família somos gratos até hoje. Nós lhe devemos a vida. Por isto e pela pessoa que você é, não me importo de perdê-la se for necessário.

Ronald abraça Gílson e transmitiu-lhe toda a força reserva que tinha. Isto o fez resistir por mais um tempo. Esgotados pelo cansaço, iam se afogando quando subitamente uma poderosa mão os sustentou. Estamos salvos! Gritaram os dois cheios de felicidade. Estavam em uma pequena embarcação guiada por um estranho homem que não tinha se apresentado. Os dois o interrogaram. De onde você surgiu? Quem é você? Como nos localizou? O estranho guia exclamou: -Tantas perguntas! O importante é que vocês estão bem. Bem, meu nome é Pedro e sou pescador. Estava pescando nessa região e encontrei vocês quase se afogando. Não deviam entrar no mar sem a habilidade do nado. E muito perigoso. Gílson e Ronald novamente se abraçam e agradecem aos céus por estarem vivos. Pedro comentou: A vossa amizade foi o que os salvou. Eu não estou aqui porque quero e sim porque me enviaram. Eu apenas estou guiando o barco. Eu não os salvei. A mão que os puxou das águas foi a mesma que outrora também me puxou. Com ele, aprendi o verdadeiro significado do que é ser um verdadeiro amigo: ele entregou sua própria vida para nos salvar. Ele revelou-me que faria tudo de novo caso fosse necessário. Ele é o caminho, a verdade e a vida. Continuem assim, amigos como são hoje. Que a intriga e a inveja nunca os dispersem! Lembrem-se: quem procura resguardar sua vida a perderá. Mas quem a perde por amor a encontrará. Vocês receberam uma nova oportunidade: voltem para casa e creiam em Jesus Cristo.

Um torpor caiu sobre eles e ao acordarem estavam em terra firme. Levantaram-se sem entender muito bem porque estavam ali. Suas lembranças foram apagadas e a única coisa que sentiam era que a amizade dos dois conseguia suportar a fúria tempestuosa das águas.

O verdadeiro amigo (significado)

A neblina é tudo aquilo que atrapalha um relacionamento. A queda na água são os tropeços que temos em nossas vidas. Ronald é o amigo fiel que consegue tudo para ajudar o outro. No final, a união dos dois supera as dificuldades.

Os dois empregados

Jessé era um rico senhor de terras que em seus empreendimentos empregava bastantes servos. Dentre seus empreendimentos, os mais rentáveis eram as vinhas. Numa delas, cultivavam o mesmo espaço de terra dois empregados: Daniel e Lamuel. Daniel era um servo dedicado que cultivava o terreno de forma apropriada: semeava, adubava e irrigava no período correto. Lamuel era desobediente e insensato, pois só seguia suas próprias convicções: semeava os grãos de forma desordeira e impensada, adubava excessivamente e não irrigava as mudas. Com o tempo, o campo de Daniel vicejou e frutificou o que lhe rendeu elogios do patrão. Já o campo de Lamuel não produziu nenhum fruto. O patrão chamou Lamuel e o repreendeu por sua conduta e o aconselhou a seguir o exemplo de Daniel. Se sentido humilhado e despeitado para com seu companheiro Daniel, resolveu vingar-se.

A primeira atitude que tomou foi a de aliar-se ao principal inimigo do patrão: O chefe dos servos que tinham se rebelado contra ele. Ele serviria como instrumento de ódio desse mal com o objetivo de destruir tudo o que Daniel tinha construído e conquistado além de prejudicar a plantação do patrão. O inimigo entregou para ele uma praga que de pronto introduziu no campo do seu companheiro. Enquanto isso, Daniel continuava com o seu trabalho sem desconfiar de nada. Pouco tempo depois, o belo verde do seu campo foi desaparecendo o que lhe provocou certa surpresa e desapontamento. Com isso, apresentou-se diante do chefe para prestar esclarecimentos.

"Senhor, continuo cultivando o terreno da mesma forma. Entretanto, o que antes produzia inúmeros frutos agora não produz praticamente nenhum. Penso que estou ficando imprestável. Se desejares, darei o meu lugar a outro servo mais competente.

"Não é necessário, bom servo. Não foi sua culpa. Eu bem sei o que está acontecendo: O seu campo está sendo atacado por uma poderosa praga. Um inimigo o semeou. Porém, ele não vai vencer. Eu te darei o meu melhor inseticida e o seu campo vai novamente dar bons e belos frutos.

O inseticida foi aplicado e a praga foi contida. Porém, Lamuel não desistiu da sua vingança. Consultou o seu mestre e ele prometeu destruir a vida e a carreira de Daniel. A fim disso, o mal se encarnou e tomou forma humana: A de um comprador. Daniel continuava obediente e em seu trabalho honrava o seu patrão. O comprador aproximou-se e perguntou: você é Daniel? Eu ouvi falar muito bem da sua pessoa. Dizem ser o melhor empregado do patrão. Eu quero adquirir alguns dos seus produtos. Poderia mostrar o seu campo? Daniel educadamente respondeu: -Sou apenas um humilde servo e igual a todos. Desde que cheguei aqui, meu único objetivo é cumprir a minha função. O meu patrão põe toda confiança em mim. Por isso, não posso decepcioná-lo. Venha, eu lhe mostrarei o que cultivei até agora.

O comprador foi conduzido por entre as belas videiras do campo de Daniel. O comprador exclamou: -Ótimo! Você fez um ótimo trabalho. Diga-me rapaz, não queria trabalhar para mim? Eu te daria uma generosa remuneração. Daniel respondeu:

"Não, obrigado. Eu não faço isso pelo dinheiro. Minha recompensa são todos os frutos que colho.

O comprador olhou-o com puro ódio e decidiu aproveitar que Daniel estava sozinho para tentar destruir a sua plantação. Modificou sua aparência e ninguém sabe de onde retirou uma foice. Gritou: -Olha o que eu faço com o seu trabalho, olha! (Pôs-se a ceifar as plantas de Daniel). Quando terminou de devastar o campo, começou a espancá-lo. O patrão observava tudo e resolveu agir: Chamou o seu servo mais forte (Ninguém é tão valente a ponto de desafiá-lo) e ordenou:

"Miguel, vá libertar o meu Servo Daniel, pois ele está sendo espancado pela serpente. Quanto à outra praga, deixe que eu resolva.

O anjo voou apressadamente em direção ao campo e estava preparado para uma situação. Agarrou a antiga serpente, a acorrentou e a lançou no abismo donde não poderia mais sair (a não ser com autorização). Daniel estava machucado, mas iria recuperar-se dos ferimentos. O patrão convocou Lamuel e ele se apresentou diante dele.

O senhor pronunciou-se:

"Cobra venenosa! Quem lhe ensinou a agir desta forma? Você pensava ir destruir o meu filho? Nem você, nem o inimigo pode com ele. Eu sou está sempre do lado dos injustiçados. Em vez de invejá-lo porque não trabalha feito ele? Eu também o teria abençoado. Por você ter se rebelado e pelos seus crimes, eu não o quero mais em minha plantação. Será amarrado e jogado nas trevas exteriores, feito joio que não serve para nada. Aí haverá choro e ranger de dentes.

Os dois empregados (significado)

O senhor de terras é o próprio Deus. A parábola apresenta dois servos: um obediente e outro desobediente. Daniel age da forma que Deus espera de um servo: semeia a palavra do reino, aduba as plantas recém-nascidas de modo que elas cresçam e deem fruto. Lamuel é o servo insensato, pois só segue seus próprios instintos. No acerto de contas, o patrão elogia as atitudes de Daniel, mas desaprova as de Lamuel que em vez de seguir o exemplo do companheiro, prefere prejudicá-lo. Essa atitude é muito comum: as pessoas que adotam esse estilo de vida sentem-se injustiçadas por Deus e pelo mundo e não reconhecem quando estão erradas. No entanto, Deus protege os oprimidos e não permite que os servos dedicados á ele sejam destruídos. No final, Deus realiza a justiça e liberta de todo o mal.

A grande macieira

Num jardim repleto de árvores frutíferas existia uma grande macieira. Era a árvore mais frondosa e bonita do pomar. A cada ano, a safra aumentava e os lucros do jardim também. O jardineiro a regava duas vezes por dia: uma com água doce e outra com água salobra. A safra continuava farta, mas gradativamente os lucros foram diminuindo porque algumas frutas estavam estragando antes de serem colhidas. Com o passar do tempo, a renda proveniente da extração dos frutos já não compensava mantê-la. Então o jardineiro resolveu falar com o senhor do jardim a respeito da macieira.

"Patrão, estou pensando em cortar a macieira, pois a safra está estragando. O que o senhor me diz?

"Antes de qualquer decisão, eu tenho que a ver. Pode ser que o problema tenha solução.

Ao analisá-la, o patrão verificou que todos os frutos estavam estragando menos um do meio. Apalpou o seu tronco e emocionado declarou:

"Não a corte. Esta é uma boa árvore que já me proporcionou muita alegria. As maçãs estão estragando porque estão absorvendo água salobra em vez da doce. Veja aquele fruto do meio: está perfeito. Isto é um sinal, pois ela o protegeu fazendo que ele absorvesse apenas água doce. Por este fruto, que se conserva íntegro, eu não a derrubarei.

A grande macieira (significado)

A macieira representa a vida expressa concretamente na criação. A safra é tudo aquilo de bom produz a vida. A água doce é a palavra de Deus e os modos de cumpri-la. A água salobra são todas as orientações contrárias á palavra. As frutas podres são todos aqueles que se desviam do verdadeiro caminho de Deus: amar e servir ao próximo. O fruto do meio é o pequeno contingente que acredita e segue os preceitos do bem sem olhar para trás. Ainda que só exista um único fiel Deus abençoará à terra por conta dele.

O humilde E o Orgulhoso

Num grande campo, repleto de árvores frutíferas e plantações, havia dois empregados: Josué e Jeroboão. Eles cultivavam o campo e cuidavam do rebanho de ovelhas do patrão. Josué era tenente e obediente a Deus, reservando-se a apenas cumprir o seu trabalho. Jeroboão, ao contrário, gabava-se pelos seus inúmeros talentos e procurava seduzir as ovelhas de modo que elas o seguissem. Gradativamente, o orgulho de Jeroboão foi crescendo a tal ponto que ele se declarou filho do patrão. Ele queria, com isso, assumir o trono e o poder que não lhe pertenciam. Então o patrão resolveu convocá-lo para apresentar-se. Disse o senhor:

"Eu ouvi dizer que você se autodenomina "meu filho". Quem te deu semelhante autoridade? Quer igualar-se a mim?

"Revesti-te o meu ser de tão esplendorosa glória que concluí ser teu amado filho. Eu sei que escondeste de todos este segredo. Agora, quero a minha parte que me cabe na herança.

"Está louco. Não és o meu filho. Eu apenas tenho um único filho: o primogênito. È a ele que darei o trono e o poder. Se fôsseis o meu filho, não seria tão orgulhoso. Apesar de ter criado tudo e a todos e ter o universo na palma das minhas mãos, eu não fico contando vantagens. As minhas obras é quem fala por mim. Além do meu pupilo, adotei vários empregados meus por serem fiéis. Um exemplo vivo é Josué. Ele reconhece minha autoridade e realiza a obra que lhe mandei perfeitamente. Por isto, eu hoje declaro: "Ele também é meu filho. Eu o gerei". E mais: "Quem se humilha será exaltado e quem se exalta será humilhado".

A parábola do homem insensato

O mestre reuniu os discípulos á beira-mar e grande multidão juntou-se em torno dele. O mestre é detentor de todos os segredos do universo e fora enviado às ovelhas perdidas. Entretanto, lhes falava através de parábolas para que os "cegos" e "surdos" não entendessem. Estes, tinham o coração e mente fechados e por isso não compreendiam o que ele falava. Por outro lado, aqueles comprometidos com o reino conseguiam vislumbrar em seus ensinamentos o verdadeiro caminho. Então ele começou a ensinar: eis que o homem insensato pode ser comparado a um barco que gradativamente vai afundando em alto mar. A cada transgressão cometida, um compartimento é inundado e com ele uma porção de bons sentimentos e virtudes naufraga. Os demônios (defeitos, vícios) começam a exercer uma forte opressão sobre ele e consequentemente os atos prejudiciais ao próximo e á si mesmo tornam-se mais frequentes. Ao contrário, os anjos (as boas intenções e atos) começam a se enfraquecer e ficam esquecidos em sua vida. Em dado momento, inconscientemente, os anjos procuram num último esforço fazê-lo enxergar o caminho de modo a restaurar o equilíbrio e a união entre o criador e a criatura. Porém, os defeitos agem e impedem a regeneração do homem por estarem bem fortes. Quando todos os compartimentos são inundados e a salvação já é impossível aos olhos do homem o pai pode realizar o milagre? Mas, para isso, é necessário entrega, confiança, arrependimento e a sincera intenção de mudança por parte do insensato.

A plantação

Havia, em algum lugar do mundo, três agricultores que resolveram se associar para cuidar juntos de uma plantação e consequentemente visando uma boa safra. A fim disso, resolveram dividir as tarefas para um bom andamento dos seus objetivos e para atingir uma perfeita sincronia entre os três. O primeiro preparava o terreno, o outro o escavava e o terceiro semeava e plantava as mudas. Neste ano, houve sol e chuva adequados e a plantação vicejou abundantemente. Os três ficaram felizes por virem seu trabalho recompensado em tão farta colheita. Porém, no momento de dividir os frutos do trabalho, começou a confusão. O primeiro agricultor afirmou:

"Eu mereço, no mínimo metade dos lucros, pois se eu não preparasse o terreno com tanto esmero não teríamos uma farta colheita como o de agora.

O segundo retrucou:

"Nada disso. Se eu não tivesse escavado o terreno com tanta precisão, as plantas não cresceriam dessa forma. Logo, mereço a maior parte da colheita. O terceiro discordou:

"Não aceito a proposta de nenhum de vocês dois. Devo lembrar que se eu não semeasse corretamente o número de sementes e sua disposição teríamos uma colheita irrisória. Além disso, as mudas que plantei foram as que frutificaram mais. Portanto, mereço ficar com a maior parte da safra.

A discussão continuou. Como não se decidissem, resolveram chamar um vizinho de plantação para arbitrar a questão. Quem teria direito a maior parte da colheita? O vizinho perguntou:

"Quem prepara o terreno?"

O primeiro, orgulhoso, retumbou:

"Fui eu! Diga-me não sou eu que tenho mais méritos para exigir a maior parte do lucro?"

O árbitro permaneceu calado. Desta feita, perguntou:

"Quem escavou o terreno?"

O segundo, superfeliz, afirmou:

"Fui eu! Vê-se que tem inteligência o bastante para perceber que sou o maior responsável por essa colheita.

O árbitro permaneceu calado. Finalmente perguntou:

"Quem semeou as sementes e plantou as mudas?"

O terceiro gritou:

"Fui eu! Vês que beleza de colheita? Não existiria nada sem meu trabalho.

O árbitro refletiu um pouco e depois se pronunciou:

"Vejo que nenhum de vocês conseguiria sozinho este resultado. Cada um, com sua arte, contribuiu decisivamente para isso. Não vejo, entre os três, trabalho mais importante nem mais árduo que mereça a maior parte dos lucros. Vejam as formigas e as abelhas e aprendam. O trabalho cooperativo é que constrói algo e todos devem usufruir de seus resultados equitativamente. Parem de discutir e sejam justos. Aproveitem-se dessa colheita, pois o trabalhador tem direito ao seu salário no momento certo em que colhe os frutos.

O celeiro E a cobra

Eis que havia, em um reino distante, um homem muito rico. Era dono de inúmeras propriedades e animais além de dezenas de empregados. Dentre eles, havia um que se destacava: Xerxes, o gerente geral de seus negócios. Extremamente fiel e atencioso com seu patrão, cuidava com zelo de seus interesses.

Boa parte dos empregados trabalhava na grande seara cultivando os mais diversos cereais para consumo próprio, do patrão e para vendas. Era um tipo de arrendamento: pagavam certa quantia por área ao proprietário. Outra parte dos servos cuidava dos mais variados tipos de gado do patrão. Estes recebiam um salário pelo seu trabalho. Viviam felizes e tranquilos com suas respectivas famílias. Às vezes, o fato de servir a alguém não caracteriza sofrimento, escravidão ou humilhação. Deve-se lembrar de que cristo veio para servir mesmo sendo um rei". Alguns poucos empregados serviam diretamente ao seu senhor na sede principal de suas propriedades onde existia acoplado um grande celeiro. Neste era guardado todo o seu tesouro: joias, ouro, pedras preciosas, documentos de posse e abundância de cereais. Ao lado da casa, existia também um grande curral onde eram guardados todos os seus rebanhos. Os empregados da casa eram os mais estimados e detinham a maior confiança do patrão. Eles tinham livre acesso ao celeiro e ao curral principalmente Xerxes, o citado gerente. Por ser temido e poderoso o patrão nunca cogitou a possibilidade de ser roubado.

Certo dia, o patrão viajou para uma cidade vizinha, pois fora convidado para participar de uma grande festa de casamento. Como sempre, deixou seu empregado Xerxes tomando conta de tudo. O dito cujo, secretamente, já convencera dois de seus subordinados a ajudá-lo num plano. E que momento mais adequado para pô-lo em prática senão em sua ausência? Xerxes era o tipo de empregado falso. Agradava o patrão em troca de seus favores. Para ele posição, dinheiro e poder eram as únicas coisas que importavam."Os outros eram apenas objetos úteis para conseguir suas aspirações". Primeiramente, Xerxes enviou um de seus parceiros á procura de mulas, estas serviriam para retirar todo o cereal do celeiro. Outro foi atrás de um comprador de gado, para esvaziar o curral do patrão. Os outros empregados da casa não perceberam nada, pois foram dispensados por Xerxes. Os outros bens foram retirados pessoalmente por ele."A chave do celeiro do patrão era disponibilizada a todos que moravam na casa, pois estes moravam em seu coração e esta era a chave". As mulas chegaram, o comprador de gado e os mal-empregados também. Retiraram tudo o quanto puderam e repartiram os despojos. Concluída a operação ilícita, Xerxes e os empregados foram embora e deixaram a sede conforme o combinado.

No outro dia, voltando de viagem, o patrão entrou em choque ao perceber a desolação que pairava em sua propriedade: O curral estava vazio e a porta do celeiro arrombada. Tudo o que possuía fora levado. Ao adentrar na casa, viu os móveis revirados e alguns quebrados. No chão, viu um pequeno bilhete o qual se apressou em recolher. Nele, Xerxes esclarecia o fato: os empregados da sede tinham se rebelado e ele pego de surpresa, não conseguira conter o motim. Tudo fora roubado. Depois da saída dos gatunos, contrataram homens para ir ao encalço deles. No final, desculpava-se e demitia-se por se achar incompetente em suas funções. Ao término da carta, o patrão pôs-se a chorar. O sentimento de injustiça, o de traição e o de arrependimento preencheu seus pensamentos. Como patrão e como cidadão, sentia-se digno e honesto. Por que então fora traído? Justamente ele que tinha plena confiança em seus empregados. Mundo cruel era este onde as pessoas se aproveitam da boa-fé de outras mais ingênuas. Além de tudo, ainda teria que pagar uma hipoteca relativo a um empréstimo junto a um credor. A desolação tomava conta de tudo o que estava ali.

Sentindo-se arruinado, lembrou-se do quanto tinha se afastado de Deus: Displicente na oração; em suas atitudes, não colocara a vontade dele em primeiro plano e apegou-se a bens materiais os quais não eram o caminho nem tinham a essência da salvação. "Nos momentos ruins, o ser humano passa-se a questionar e a procurar num ser superior à solução miraculosa de seus problemas". Esquecemo-nos da responsabilidade de nossos atos os quais geram consequências. Tomado de angústia e emoção, ajoelhou-se e orou pedindo encarecidamente que aquele roubo fosse esclarecido (a versão de Xerxes não o convencera completamente). Na noite desse mesmo dia, o senhor dos céus teve compaixão e enviou um sonho: nele, Xerxes transformava-se numa cobra e o mordia. Sua mente desvendou o enigma do roubo, mas seu coração recusava-se a acreditar no fato. Xerxes era visto por ele como filho.

Ao amanhecer, os empregados apresentaram-se normalmente para o dia de serviço. Espantaram-se como o que viram: A propriedade fora saqueada. Ao vê-los, o patrão não acreditou: como podiam ser tão cínicos? Como ousavam aparecer em sua propriedade? Ele os recebeu com bastante rudeza:

"Infelizes, o que fazem aqui? Vieram roubar também as roupas?"

Um deles protestou:

"O que é isso, patrão? Não somos os responsáveis pelo roubo. Seríamos incapazes disso. Anteontem, estávamos de folga. Xerxes nos liberou.

Um estalo o acordou do transe em que estava fazendo-o perceber a trama sórdida de Xerxes. O sonho que tivera estava plenamente decifrado. Então sentenciou:

"Bons empregados, não posso mantê-los aqui. Eu não tenho o suficiente para tal. Quando eu me reerguer, darei a parte justa que lhes cabe pelos seus serviços. No momento, estão dispensados.

Entretanto, eles retrucaram:

"Nós ficaremos. Quanto ao salário, não se preocupe: trabalharemos apenas em troca do alimento. Não o abandonaremos nesse momento tão difícil de sua vida.

A emoção agitou sua alma e ele bradou:

"A partir de hoje, vocês não são mais meus empregados. Primeiro, são meus amigos porque me consolaram quando eu estava triste, me alimentaram quando eu estava com fome, me deram água quando eu estava com sede e me apoiaram quando eu estava sozinho. Venham, meus irmãos, entrem na minha casa, na minha vida e no meu reino.

Os dois plebeus

Era uma vez, na Galácia, dois camponeses: Abimael e Josias. O primeiro possuía uma vinha em um terreno arrendado para esse fim. O proprietário que o arrendara era o soberano da região. O segundo, trabalhava como empregado de um dos posseiros mais importantes da Galácia. O seu sonho era possuir um terreno e implantar uma vinha. Os dois eram amigos, mas não se viam há muito tempo.

O soberano da Galácia tinha uma filha de nome Jerusa, com vinte e cinco anos, que permanecia solteira apesar de sua beleza e posses, pois esta era muito exigente e por isso desprezara todos os pretendentes que o pai lhe arranjara. A princesa costumava passear por entre os campos dos plebeus onde apreciava ser adorada e cumprimentada por todos. Certa vez, chegou ao campo onde Josias trabalhava. Todos a cumprimentaram conforme as regras, exceto Josias. Os guardas imediatamente o prenderam, mas a princesa fez sinal que o soltassem. Ela indagou:

"Diga-me, jovem, porque não me cumprimentou?

"Porque estou cansado de servir aos grandes e não ser recompensado em troca disso. Além disso, o seu lugar não é aqui. Volte para o seu castelo onde possa fingir que está tudo bem com o seu povo e pratique suas mesmices de princesa.

Jerusa ficou impressionada com as respostas do plebeu. Em vez de ficar brava, ficou contente por alguém ter coragem suficiente para dizer-lhe isso na cara. Sem querer, enamorou-se completamente por ele. Este sim, era o esposo que desejava. Levou-o para o castelo e o apresentou ao seu pai.

Com o tempo, convenceu o soberano a aceitá-lo como genro. A união de Jerusa e Josias foi concretizada no salão real numa belíssima cerimônia com a participação das principais autoridades da região e de outros reinos. Consolidado o casamento, a confiança e a amizade do rei, Josias sentiu-se no direito de pedir-lhe um terreno de modo a concretizar o seu sonho: implantar uma vinha. O Rei disponibilizou o melhor de seus terrenos que estava arrendado: justamente o de Abimael. Josias e sua guarda real foi pessoalmente comunicar que o locatário se dispusesse a sair do local. Este não aceitou, pois, fora firmado um contrato o qual determinava que ele poderia utilizar o terreno por dois anos. Além disso, suas videiras estavam quase em ponto de colheita o que lhe traria um prejuízo imenso caso deixasse o local naquele momento. Porém, Josias (cheio de si por estar na realeza) não escutou seus argumentos e ordenou aos guardas que o retirassem á força do local. Quando estava sendo arrastado, Abimael exclamou:

"É assim que pagas o favor que te fiz outro dia?

Ao observá-lo atentamente, o coração de Josias acelerou por reconhecer nele o homem que alimentara outrora ele e sua mãe nos tempos em que perambulava pelas aldeias mendigando o pão. A sua alma soberba via-se agora completamente pisada, pois aquele que considerara adversário tinha o salvo da miséria. A um sinal seu, os guardas pararam e Josias aproximou-se de Abimael, o beijando.

"Mil perdões, eu não o reconhecera. Pode permanecer na vinha e nem precisa pagar a taxa de arrendamento, pois você me fez um favor e eu agora o retribuirei generosamente.

Entretanto, Abimael retrucou:

"Se eu não o tivesse ajudado, estaria despejado agora. Deveria usar sua benevolência não só com aqueles que o beneficiam, mas com todos os súditos do reino. "Devemos ajudar o próximo sem condição e sem esperar nada em troca".

Parábola da criação

No início dos tempos, quando a vida ainda não surgira na Terra, o princípio (Deus) preparava os últimos apetrechos para iniciar a criação. A grande explosão que ele provocara anteriormente o deixara um pouco sem fôlego. Alguns leitores crédulos talvez se perguntem: Deus se cansa? Certamente. Ele se cansa de mostrar caminhos e não enxergamos, de facilitar nossa vida e nós complicarmos, de preparar um plano bom para nossas vidas e nós rejeitarmos, enfim, de sempre dar uma nova oportunidade de nos redimir e recairmos em antigos e novos erros. Há uma esperança? Depende de nós. Voltemos á parábola. A explosão que originara planetas, satélites, estrelas, asteroides, cometas, sóis e toda a massa existente tomara proporções inesperadas, pois o objetivo inicial era formar um único planeta e um único sol. Com a multiplicação exponencial de astros formando atualmente o que chamamos universo, preocupações inesperadas vieram á sua mente: como controlar e dirigir um universo tão amplo, complexo e extenso? Como agir sem ser notado por suas criações? Como fechar o elo entre o início da vida e sua continuação? Pensou, refletiu, questionou-se. Inúmeras vezes, retrocedeu em seu projeto. O tempo não era problema, nessa época, pois simplesmente ainda não fora criado. Seria difícil mensurar, em unidades de tempo atuais, a duração desse período: onde rascunhos e mais rascunhos eram rasgados e substituídos por outros. Finalmente decidiu-se:Nos planetas que tivessem vida, a criação seria composta por duas esferas: uma espiritual e outra material. A espiritual seria invisível do ponto de vista material, ocuparia planos e espaços paralelos e teria dimensões eternas. A material seria visível, em ambos os planos, ocuparia posição definida e imutável e teria duração determinada. Uma esfera dependeria da outra (seriam interligadas) formando um complexo harmonioso e perfeito. Gênio: Esse adjetivo exprime um pouco da grandeza do criador. Nos próximos parágrafos, destacarei alguns detalhes deste processo.

No tocante ao plano espiritual, Deus decidiu que criaria seres especiais, cheios de glória e poder, que agiriam como se fossem ele mesmo. Em diferentes culturas e tradições recebem diferentes denominações: Anjos, espíritos evoluídos e perfeitos, orixás, mensageiros, etc.Foram criados para reger o universo. Um detalhe: nem estes teriam o privilégio de conhecê-lo. Apenas deduziriam a sua existência através de manifestações. Então ele soprou e criou os sete espíritos de primeira grandeza: os chamados anjos supremos. Os nomes deles são eternos e misteriosos. Ninguém os conhece. Em conjunto representam o próprio criador. No semblante trazem o nome perfeito e inatingível. Seus corpos não têm forma definida. São onipresentes e têm o dom de predizer o futuro próximo. Entretanto, nem estes eram suficientes para controlar e coordenar o universo em todas as suas funções. Então Deus soprou e criou a hierarquia e com ela bilhões de anjos de acordo com suas castas. Essa criação continua indefinidamente. Alguns seres de ordem menos elevada serviriam de elo entre às duas esferas: A material e a espiritual. Em algumas situações especiais, teriam permissão de transitar entre os dois mundos. O objetivo disso seria restaurar e manter o equilíbrio entre os dois planos. Estava assim criado o exército celeste. Porém, faltava a criação material.

Inicialmente, foram criados duas leis naturais perfeitas e indispensáveis: o ciclo de vida de um organismo e a lei reprodutiva. Num acordo com à terra, sendo um organismo vivo, ficou acertado que ela proporcionaria aos seres matérias alimento, abrigo e demais necessidades para sua sobrevivência. Em troca, ela absorveria os nutrientes por ocasião da morte do respectivo organismo. Num ciclo ininterrupto. A reprodução permitiria a perpetuação das espécies sem necessidade de sucessivas criações. Foram criadas também outras leis físicas: A gravitacional, os movimentos interplanetários, o ciclo de chuvas e estiagens compondo o clima, etc.Tudo isso era indispensável á vida. Concluída essa fase, iniciou-se a aplicação dos rascunhos do criador transformando-os em realidade. Então Deus soprou. Surgiram a relva e toda a vegetação arbustiva necessária para o crescimento e desenvolvimento dos animais. Deus encheu-se de contentamento porque viu que tudo isso era ótimo. Então Deus fez surgir nas águas inúmeras espécies de peixes, de variados tamanhos e características, inter-relacionados e interdependentes. Análogo a isso, surgiram na terra seres rastejantes voadores, animais, insetos, microorganismos, bactérias, vírus, fungos e outros seres indispensáveis ao meio ambiente. Todo esse conjunto formando um complexo harmonioso. Deus também definiu a duração, o ritmo e a cadeia alimentar das espécies. Isto tornaria o ambiente saudável e autossustentável. Deus os abençoou e lhes deu o instinto para realizar tudo o que estava programado. Feito isso, o senhor preparou-se para realizar sua maior obra: O ser humano. No projeto de Deus, este ser seria a sua própria representação. Dotado de capacidade de raciocínio e escolha, organizaria e dominaria à terra fazendo-a prosperar e frutificar. A tornaria num grande jardim de delícias, onde seria feliz com seus semelhantes. Seria também imortal (alma) e faria parte dos dois planos. Entre todos os seres da criação, seria o mais privilegiado. E assim Deus fez.

Surgiram homens e mulheres das mais diferentes raças: o negro, o branco, o amarelo, etc.Cada um numa parte diferente da terra. Deus disse: sejam irmãos, multipliquem-se, cresçam, respeitem-se, amem-se, modifiquem à terra respeitando-a e preservando-a.Vejam: Eu lhes dei a vegetação e os animais para auxiliá-los em suas necessidades. Não os destruam. Toda e qualquer vida é sagrada para mim. Quando acabar a sua caminhada sobre à terra, eu retribuirei com juros tudo o que vocês fizerem. Ao justo, darei o prêmio correspondente às suas obras. Quanto ao injusto, será excluído dos seus e não terá paz em lugar algum. Dito isto, o senhor afastou-se.obs.:(tudo isto foi dito ao íntimo das criaturas). Estava assim concluído o exército material.

Anteposto á criação material, houve um episódio que provocara a dualidade atualmente existente e consequentemente o livre arbítrio do homem. Vejamos como aconteceu: havia, no céu, um anjo belo e perfeito. Por ser o mais elevado, tinha autoridade e poder sobre todos que habitavam lá (exceto Deus). Com o tempo, ficou muito orgulhoso e vaidoso. Não se contentou em apenas ser servo e resolveu convencer uma boa parcela dos anjos a se levantar contra o reino e tomar o poder. Seu objetivo era reinar nas esferas espiritual e material além de ser adorado como um Deus. A revolta foi descoberta a tempo e seus planos fracassaram. A guerra foi armada: de um lado, Miguel e seus servos angélicos, defendendo a soberania e a autoridade de Deus; Do outro, o ser maléfico e seus partidários que queriam destruir a paz e a estabilidade do reino. O universo foi inteiramente abalado: as batalhas foram sangrentas e milhões de vidas foram perdidas de ambos os lados. A comoção era geral. Então o senhor Deus resolveu intervir para evitar uma catástrofe maior: expulsou os revoltosos do plano céu e jogou-os num tenebroso lugar chamado abismo. Lá, são atormentados dia e noite. Só têm permissão de sair quando forem capturar almas. Miguel e seus servos foram premiados por sua coragem e valentia na batalha e ocuparam postos mais altos na administração do reino. Eram dignos do plano em que se achavam. Surgiu, assim, às duas componentes que atuam no universo: uma benéfica e contribuindo para a construção de um paraíso; outra maléfica e representa o obstáculo para a concretização do objetivo da primeira. Gênio de escritor. Completando o enredo, criou o Deus tempo (existente apenas na esfera material) para regular as ações das duas forças.

Criada a dualidade, Deus definiu o plano de ação delas e seus respectivos chefes. Na parte maligna foi entronizado o anjo supremo que se rebelou. Quem seria então o chefe do reino de Deus? Em seu plano, Deus previa a construção de um paraíso futuro, onde os seres humanos seriam livres de todo e qualquer tipo de pecado. A fome, o desespero, a dúvida, o sofrimento, as mortes, as guerras e todos os outros males já não existiriam. Entretanto, a humanidade estava corrompida pelo pecado (proporcionado pelo livre arbítrio) e as consequências eram desastrosas. O homem já não era digno de entrar no plano céu. O que fazer? Vejamos. Ao firmar o reino dos céus e seu respectivo chefe, Deus tinha um duplo propósito: organizar a esfera espiritual para que não houvesse mais rebeliões; redimir o pecado humano e com isso abrir as portas do paraíso. Quem seria capaz disso? Deus procurou entre todos os seus servos angélicos, mas não encontrou ninguém digno. Os anjos eram perfeitos, mas não evoluíam. Os anjos amavam, mas não a ponto de entregar sua própria vida. Ficou a indecisão.

Depois de muito refletir, veio-lhe uma brilhante ideia: seria ele mesmo (só que em outra forma). Por ser onipotente, onisciente, onipresente e perfeito em todos os atributos eram o único capaz de realizar o projeto. Ele salvaria a humanidade e restabeleceria a ordem e a paz no paraíso. A fim disso, os anjos foram comunicados dessa decisão e, um deles, chamado Gabriel foi o escolhido para ser o mensageiro da boa nova á humanidade, especialmente a uma jovem chamada Maria. Ela seria a mãe de Deus. No entanto, nada seria forçado, pois, ela possuía o livre arbítrio. Então o anjo se aproximou de Maria e exclamou:

"Alegre-se cheia de graça! O senhor é convosco! Eis que terá um filho e lhe dará o nome de Jesus. Este será grande e será chamado filho do altíssimo e o seu Reino não terá fim.

Maria perguntou:

"Como acontecerá isso?

O anjo respondeu:

"O espírito santo virá sobre você e a cobrirá com sua sombra. Por isso, o santo que nascerá de você será chamado filho de Deus. Para Deus nada é impossível. Maria disse: eis a escrava do senhor. Faça-se em mim segundo a tua palavra. Então o anjo a deixou.

Ao dizer sim, ao anjo, Maria rompeu com todos os laços do pecado e das trevas que atormentavam a humanidade desde o início da criação. Abalou o inferno e seus habitantes por iniciar e restabelecer a primazia do bem entre às duas forças. Através dela, realizava-se o maior mistério da criação: O próprio autor da vida transformando-se em personagem. Com isso, podemos vislumbrar um pouco o grande amor que Deus nutre por nós. Então a profecia se cumpriu e Jesus nasceu do ventre de Maria. Será que a humanidade iria compreender sua mensagem?

Quando Jesus começou a pregar, ele tinha trinta anos. Chegara o tempo dele. Tempo de anunciar a boa-nova aos homens: O perdão e a remissão dos pecados para os que acreditassem nele. Escolheu doze apóstolos para auxiliar na pregação. Reunia as multidões e lhes falava de seu pai. Destacou suas principais qualidades: bondade, onipotência, justiça, sabedoria e a capacidade de perdoar aqueles que se arrependessem dos seus erros. Ensinou-nos o valor do amor e que vivenciá-lo, em verdade, é ajudar o próximo e tratá-lo como nós queremos que os outros nos tratem. Nisto se resume os mandamentos e as escrituras. Na pessoa de Jesus, Deus revelou-nos também o propósito que ele nos destina: de modo a construir um reino de delícias, é necessário principalmente curar nossos sofrimentos e angústias. Através dele, o senhor mostrou-nos um pedaço do paraíso: um mundo onde todos tenham saúde e felicidade eternas. A morte não teria lugar num mundo futuro.

Ao encarnar como ser humano, Deus também demonstrou sua perfeição infinita. A começar pela sua origem: filho de carpinteiro e nascido numa estrebaria (entre os animais). Ao nascer pobre, Deus quis nos ensinar que o valor de uma pessoa está além de sua condição social. Ela se revela nos atos, na personalidade e na grandeza de um coração. Valemos o que somos e não o que temos. Deus é prioritariamente o Deus dos excluídos, pois são estes que geralmente acreditam em sua existência e mostram-se mais generosos e solidários. Outro grande ensinamento nos dado por Deus ocorreu quando ele desbancou as estruturas culturais dos judeus. Ao apresentar-lhe uma prostituta e pedir-lhe o seu julgamento os judeus esperavam que Jesus a condenasse como se ele fosse partidário de suas convicções mesquinhas e inferiores de julgamento. Jesus negou-se a isso. Jesus reconheceu um coração na mulher e disposição de mudança nunca encontrados em mulheres que se diziam respeitosas. Ela valia mais do que as outras. A partir daquele dia, a prostituta o seguiu e descobriu que seu corpo era precioso demais para entregá-lo a qualquer um. Jesus modificou sua vida: ele foi o único a não condená-la e acreditar em seu caráter e dignidade. Um ser sem preconceitos (sexo, raça, cor, classe social, orientação sexual, etc.) foi este o Deus maravilhoso que Jesus nos revelou. Isto fica evidenciado na escolha dos doze apóstolos: um pescador, um coletor de impostos, etc. Padrões que eram simplesmente ignorados e rejeitados pelo sistema vigente.

A pregação de Jesus durou três anos. Neste período, ele ajuntou seguidores e propagou a boa-nova do reino. Muitos o rejeitaram, mas nem isto o fez desistir. O seu plano não era terrestre: era algo que englobava às duas esferas. Ele disse: O meu reino não é deste mundo. À terra não estava preparada para uma mudança tão radical. Os sentimentos mesquinhos e o medo ainda estavam infiltrados na alma humana impedindo a concretização do plano. No mundo futuro, isto seria possível. Antes disso, porém, restava apagar a mancha do pecado (aquilo que separava o homem do plano céu). Como isso seria feito? Voltemos um pouco na história. Os sacerdotes judeus ofereciam pequenos sacrifícios a Javé, O Deus do êxodo, para redimir o pecado do povo e os seus próprios. A cada novo erro, eram necessários mais sacrifícios. Para Javé, a vida era sagrada e este não se contentava completamente com esses rituais. Então ele decidiu: seria realizado um sacrifício perpétuo para abolir os anteriores. A vítima a ser imolável era o seu próprio filho Jesus, pois ele era o único humano perfeito sobre à Terra. E assim se fez. O filho do homem foi crucificado e com isso libertou-nos das amarras do pecado. Doravante quem acreditar em seu nome e seguir seus ensinamentos, terá vida eterna e felicidade garantidas neste e em outro plano. Ele é o modelo perfeito de homem que Deus nos entregou para ser seguido. Aquele que conseguirem serão chamados também de filhos de Deus e terão lugar garantido no mundo futuro.

Finda a morte e crucificação de Jesus, Deus voltou para os céus para reescrever seus planos. Em sua estada na terra, percebeu o quanto de sofrimento traz o dualismo: Fomes, guerras, injustiças, hipocrisia, etc. No novo mundo, apenas o bem e seus seguidores permanecerá. Aqueles que optarem pela outra componente, a maléfica, serão excluídos desse grupo. Com isso, o paraíso será estabelecido concretamente no plano físico.

O reino

Eis que o reino dos céus pode ser comparado a uma virgem que escolhe um marido entre muitos pretendentes. Todos tentam impressioná-la oferecendo todo tipo de dote, mas ela não deixa se levar. Ela os avalia pelas qualidades de cada um e o que demonstrar verdadeiro amor ao próximo é que é o escolhido. Muitos tentam entrar por essa porta, mas poucos são escolhidos.

A verdadeira vitória

Existia, na Grécia antiga, dois agricultores. Eles eram vizinhos de roça e prepararam à terra, adubaram as plantas, plantaram as sementes precisamente no mesmo período. O clima foi propício, pois proporcionou sol e chuva no tempo certo. Com isso, as plantações frutificaram o que deixou ambos contentes. Porém, uma praga avassaladora (pássaros e gafanhotos) atacou maciçamente uma das plantações. O proprietário ficou em polvorosa e utilizou-se de vários artifícios para expulsar os invasores. Os parasitas não desistiram e lutaram pelo alimento fácil até o fim. Quando o dono conseguiu exterminá-los todo o seu trabalho já fora desperdiçado, pois, o estrago na plantação mostrava-se irreversível. Retumbante de satisfação, ele chamou seu vizinho e disse:

"Compadre, consegui vencer a luta! Destruí aquelas pragas!

"Engano seu, você perdeu! Enquanto você se preocupava em expulsá-los eu colhi os frutos do meu trabalho e não me importei em perder alguns pés da safra que semeei, pois, algumas dessas pragas também atacaram a minha plantação. Se você tivesse feito o mesmo, não teria tamanho prejuízo.

"E agora compadre, o que eu faço?

"Não se preocupe. Você não passará fome porque dividirei o que colhi contigo. O importante é que aprenda que o verdadeiro vencedor não é aquele que vence a luta, mas aquele que sabe evitá-la sem se prejudicar.

O Comerciante e o Consumidor

Gabriel era um próspero comerciante de Garanhuns. Certa vez, despachou um estranho consumidor. Vejamos como aconteceu o diálogo.

"Quero a mercadoria x. Quanto custa?"

"Seis reais E trinta e quatro centavos. Quer apenas uma unidade?"

"Sim. Apenas uma."

"Aí está. (Entregando o produto)

O estranho entregou-lhe uma nota de dez reais. Por incrível que pareça, o comerciante não tinha dinheiro suficiente para dar-lhe o troco correto. Devolveu-lhe apenas três reais e sessenta centavos. O comerciante disse:

"Está faltando seis centavos. Se quiser esperar eu lhe darei o restante de alguma forma. Não tenho, no caixa, moedas de cinco e de um centavo.

"Pode ficar com os seis centavos. Eu não os quero. Para ter sucesso na vida, são necessárias seis coisas: respeito, entrega, solidariedade, compreensão, astúcia e amor ao próximo. Pratique-as e os seis centavos irão multiplicar-se indefinidamente. Lembre-se: nunca despreze as moedas de cinco e um centavos, pois elas juntam constituem bilhões e grande será a fortuna de quem entender essa máxima: A união faz a força.

Os dois pastores

Sidrac e Abdênago eram pastores da região dos galileus. Os dois conduziam seus rebanhos juntos diferenciados apenas por uma marca superficial na pele das ovelhas. Certo dia, ao pôr-do-sol, Abdênago percebeu a falta de uma de suas ovelhas ao contá-las. Estranhando o fato, resolveu interrogar Sidrac.

"Está faltando uma de minhas ovelhas. Você deixou-a para trás ou ela morreu?

"Eu estava tomando coragem para te dar a má notícia: quando estávamos fazendo a refeição, um leão esfomeado aproveitou-se de nossa ausência e comeu uma das ovelhas. Eu descobri porque encontrei isto (Mostrando uma carcaça). Justamente, foi a que está faltando.

"Que azar! Principalmente porque ele escolheu a minha. Na próxima vez, teremos mais cuidado de modo a não ter mais prejuízo.

Passado algum tempo, novamente Abdênago percebeu a falta duma de suas ovelhas. Interrogou Sidrac.

"Está faltando uma das minhas ovelhas. Será que foi o leão que as devorou?

"Desta vez não. Quando você saiu para satisfazer suas necessidades, fui abordado por dois mercadores do deserto que me renderam e levaram a ovelha. Tentei segui-los, mas foi inútil. Justamente foi a sua.

"Que azar! Da próxima vez, tentarei satisfazer minhas necessidades em casa.

Um tempo adiante, outra vez Abdênago deu por falta duma das suas ovelhas. Interrogou Sidrac.

"Está faltando uma das minhas ovelhas. Será que foram os mercadores que a roubaram?

"Desta vez não. Uma bela donzela conduzida por um ancião maravilhou-se por um exemplar das suas e implorou que eu a presenteasse. Não resisti a seus talentos e a premiei.

"Ela tinha que escolher a minha. Logo eu que já tive prejuízo com duas.

Analisando algumas ovelhas de Sidrac, ele percebeu que as marcas desapareceram o que impossibilitava qualquer identificação. Ele resolveu interrogar Sidrac.

"Como você sabe que às três ovelhas eram minhas? Não há nenhuma marca que as distingue.

"Eram suas. Eu garanto, pois, estava presente em todas as ocasiões.

"Malandro! Gatuno! Você próprio se entregou. Se estava, poderia ter evitado que elas sumissem. Não evitou porque foi você mesmo que as roubou. Agora, terá que devolvê-las ou eu o denunciarei às autoridades.

"Calma, Abdênago. Eu as restituirei. Não quero ser preso.

"Pensei que fosse meu amigo. A partir de hoje, conduzirei meu rebanho sozinho. Muito melhor eu estaria se estivesse só.

O menino rico e o menino pobre

Ricardo e Rafael estudavam na mesma série num educandário de alto nível social. Ricardo era filho de empresários e habitava na zona central da cidade numa bela mansão. Rafael era filho de empregados domésticos e residia num casebre na periferia da cidade. Ele fora contemplado com uma bolsa de estudos devido as ótimas notas que alcançava.

Os dois eram parceiros e amigos na escola. Certo dia, Ricardo convidou Rafael para passar um final de semana em sua casa. Ele aceitou e ficou impressionado quando chegou. O amigo tinha tudo que uma criança queria ter em termos materiais. Ricardo mostrou para seu amigo seu quarto com todos os seus brinquedos e seus objetos pessoais. Isto provocou certa inveja em Rafael. Passaram cerca de uma hora brincando juntos no quarto e depois resolveram sair para tomar um pouco de ar puro. Rafael puxou assunto:

"Eu queria morar numa casa como essa, pois aqui tem tudo que uma criança precisa: brinquedos, espaço para o lazer, mordomia. Você deve ser muito feliz, não é?

Ricardo entreolhou-se e ficou pensativo e mudo. Rafael insistiu:

"Diga-me, você tem tudo o que quer, não é?

"Por uma parte eu tenho: tudo o que o dinheiro pode comprar. Por outro lado, eu necessito de outras coisas que não estão ao alcance do dinheiro: compreensão, amor e amizade. Os meus pais ditam-me regras inflexíveis as quais tenho que cumprir sem pestanejar e a maior parte do tempo vivem trabalhando. Eles não têm tempo de me dar carinho e por isso sinto-me mais próximo dos meus empregados. Você viu meus brinquedos? Nada valem se eu não tiver ninguém para compartilhá-los.

Antes de você vir, eles ficavam jogados num canto e não me chamavam a atenção.

Rafael sentiu-se comovido e percebeu que cometera um erro ao fazer aquele comentário. Afinal, a felicidade não se encontra em bens materiais. Apesar de ser pobre, vivia numa família bem construída: recebera uma educação adequada com valores de caráter que uma pessoa honesta deve ter; O diálogo era aberto com seus pais sempre que surgiam alguma dúvida; O amor e o carinho que recebia dos seus familiares o ajudava a esquecer da pobreza em que vivia. Ele tomou a palavra:

"Desculpe-me, eu não sabia. Você transparecia ter a felicidade nas mãos. De qualquer forma, saiba que tem em mim um amigo apesar de não pertencer ao seu círculo social.

Os dois se abraçaram e fizeram um pacto de amizade eterna.

O Alienígena E o Terráqueo

João Pereira era um trabalhador rural que trabalhava numa fazenda. Certo dia, à noite, viu uma claridade em torno do curral das ovelhas. Resolveu investigar, pois, poderia ser um ladrão. Ao aproximar-se ficou pasmo com o que viu: um objeto circular luminoso e ao lado dele algo parecido com um homem. O estranho acocorara-se e acariciava as ovelhas. Embora estivesse intimidado acerca da estranha criatura resolveu agir, pois, não poderia permitir que roubasse as ovelhas do patrão. Bradou:

"Não toque nessas ovelhas! Elas não te pertencem.

O alienígena percebeu a presença do humano e ajustou o seu idioma. Tinha que responder-lhe à altura.

"Qual o problema de tocá-las? Elas não reclamaram das minhas carícias. Elas não pertencem a ninguém.

"Nada disso. Meu patrão é o dono delas. Ele as comprou a um mercador da cidade.

"Tolo foi ele. O único dono delas é o ambiente: É ele quem as consumirá no final de sua existência.

"Logo se vê que você não é daqui. Neste mundo, os seres com inteligência é quem manda. Observe a minha situação: trabalho o dia todo e às vezes trabalho também à noite. Enquanto estou aqui meu patrão ressona numa bela cama. O que fazer? A única coisa é aceitar.

"Então vocês se consideram uma vida inteligente. Não percebera isso. Como pode haver vida inteligente num planeta que está a ponto de entrar em colapso? A força vital do seu planeta está sendo afetada pelas práticas irracionais de vocês: Desmatamento, mineração, poluição, caça e pesca excessivas, etc.Diga-me, o que vão fazer quando acabar as fontes de energia? Como irão sobreviver seus descendentes? Tudo isso, por quê? Devido ao mísero metal que vocês chamam dinheiro. Eu lhe garanto: no futuro, não restará nada. Então o dinheiro não terá valor algum.

"É verdade. Sinto que à terra produz cada vez menos. Ela parece cansada. Mas o que fazer? Como reverter isso?

"É fácil. Sejam simples como essas ovelhas. Elas pastam, bebem, reproduzem-se conforme o ritmo da natureza. Vocês devem fazer o mesmo: tratem a natureza com respeito e com o cuidado que ela merece. Então vocês sobreviverão.

A nave abriu-se e o estranho voou em direção á sua entrada. Em menos de dois segundos, a nave desapareceu da visão do trabalhador. Ele comentou:

"Apenas palavras. Quem as escutaria? Os soberanos dos países industrializados jamais abririam mão dos recursos financeiros que a natureza lhes oferece. Eles só se importam com o crescimento da economia de seus respectivos países. Muito embora as consequências que o alienígena citou, no futuro, sejam inevitáveis. Não sobrará pedra sobre pedra neste planeta.

O Labirinto

Era uma vez, num reino distante, uma princesa e um príncipe que se amavam. As bodas estavam marcadas para acontecer em cerca de três meses e a alegria era geral. O Rei já se encontrava em idade avançada e entregará o trono ao príncipe no dia das bodas. Infelizmente, o destino não permitiu isso e ele faleceu antes. O trono foi entregue provisoriamente ao conselheiro do rei (Magno) porque os herdeiros reais não tinham a idade necessária. O pouco tempo no poder foi suficiente para encher-se de orgulho e Magno decidiu expulsar o príncipe do palácio e jogou a princesa num cárcere.O objetivo dele era evitar a união dos dois de modo a dominar o reino.

Magno além de conselheiro, era um hábil feiticeiro. Ao expulsar o príncipe do reino, criou um imenso labirinto em torno do palácio real de modo que ninguém o atingisse. Quem o olhasse, tinha a falsa impressão de que ele não tinha entrada nem saída. Após ser despejado do palácio real, o príncipe reuniu suas últimas forças para voltar e resgatar a princesa. Munido de espada e cajado, foi ao encontro do labirinto. O seu amor estava todo concentrado na força dos seus punhos e em suas armas. O primeiro golpe que ele desferiu foi sobre o labirinto e com isso conseguiu uma entrada. Ele começou a percorrer os estreitos caminhos entre as paredes do labirinto, mas por mais que se esforçasse não conseguia encontrar a saída. Durante 3 horas, ele andou sem rumo e inutilmente. Perdido, resolveu ficar onde estava deitando-se sobre o terreno. Observando o céu, percebeu algo curioso: algumas aves voavam em direção ao palácio e depois voltavam ao ponto onde ele estava. Resolveu arriscar: iria segui-las em seu voo. Rapidamente, acompanhou a ave em seu trajeto e a saída abriu-se em sua frente. Com um belo empurrão, abriu a porta do palácio e encontrou Magno sentado no trono. Ele se aproximou e com o cajado, o príncipe o derrubou e com um golpe de espada decepou sua cabeça. Instantaneamente, o labirinto sumiu e as grades que seguravam a princesa também. Os dois abraçaram-se e beijaram-se prometendo amor eterno. Com todo o seu reino, foram felizes para sempre.

O jogo da vida

Davi e Hélio eram dois irmãos muito unidos. Recentemente, terminaram juntos o curso profissionalizante técnico de eletrotécnica numa renomada instituição federal. Por ser de alto nível, o curso proporcionou-lhes um estágio remunerado numa grande empresa. As aptidões dos dois seriam observadas e postos à prova nesse período. Num segundo momento, apenas o mais capaz continuaria na empresa como funcionário efetivo.

Desde a infância, apesar de serem unidos, os dois disputavam a atenção dos pais: cada qual queria ser o favorito como, por exemplo, na distribuição de brinquedos no natal e quando a mãe deles ia contar uma estória. Nas relações sociais (amigos em comum) queriam ser sempre os chefes do grupo e ter mais destaque em discussões de assuntos de interesse. Além disso, na escola em que estudavam competiam de modo a alcançar as melhores notas. Quando entraram na puberdade, começaram a apostar quem conquistará mais namoradas. Enfim, a vida deles estavam entrelaçadas por inúmeras disputas temporalmente. Chegara a época de trabalhar e conquistar o sucesso profissional e novamente competiria um contra o outro. Desta vez, não seria fácil.

Os estágios começaram e os dois dedicaram-se intensamente para obter um bom desempenho e impressionar os supervisores. Foram realizados vários testes, mas nenhum deles sobressaiu-se a ponto de ser considerado dono da vaga. Finalmente, foi decidido que os dois seriam submetidos a um teste final. Este seria decisivo com relação á permanência deles, na empresa. Davi, o mais astuto, secretamente fraudou o trabalho do seu irmão Hélio. Em sua visão, na guerra, no trabalho e no amor vale tudo. Avidamente, os dois começaram a realizar o trabalho e Hélio percebeu que algo estava errado com o seu. Terminou desistindo e foi ajudar o seu irmão Davi que estava com problemas. Os dois terminaram juntos o trabalho aos olhos do supervisor. Satisfeito, ele os aplaudiu e pronunciou-se:

"Muito bem! Ambos desempenharam com perfeição suas funções no trabalho que propus. A decisão que tomei com relação á permanência de vocês na empresa foi baseada numa atenta observação do comportamento dos dois durante o estágio. Acabei me decidindo por Hélio, pois ele demonstrou além da competência espírito criativo, trabalho de equipe e solidariedade. Quanto a você, Davi, o egoísmo e a competição o cegaram. Em nome de seus objetivos mesquinhos, descartou o seu companheiro. Aprenda uma lição para conseguir um trabalho digno e ter sucesso na vida: "Nem tudo é válido numa disputa".

O Peixe e a estrela.

No mundo submerso, no biociclo das águas, havia inúmeros cardumes de diversas espécies. Um destes cardumes vivia numa grande profundidade, no extremo do mar. Pertencente a ele havia um peixe muito especial: era o único do seu cardume sem parceiro sexual. A paixão não lhe batera no coração e nas vísceras. Sem amor, não conseguia relacionar-se com ninguém. Às vezes, nem ele mesmo entendia suas atitudes: queria amar, procriar, mas não se sentia atraído por ninguém. "Era um estranho em seu cardume".

Ao mesmo tempo, no firmamento, onde há infinitas quantidades de astros formando o que se chama universo existia um especial: uma estrela que encantava a todos e impunha respeito por sua fulgurante luz. Entretanto, não conseguia amar e ser amada. Por um motivo ou outro, ela e as outras estrelas não conseguiam se entender.

Certa noite, o peixe, inquieto no fundo do mar, por curiosidade resolveu emergir de modo a ver pela primeira vez o céu coroado de estrelas. O tempo que ele dispunha era de apenas um segundo. Ao emergir, observou aquela estranha combinação de pontos em sua magistral dispersão. Os seus olhos marinhos fixaram-se numa esplendorosa estrela que era especial dentre todas aquelas. O seu coração disparou e sua alma foi flechada pela arma do Deus cupido. Concomitantemente, no céu a estrela fixou o seu olhar sob as águas e viu um pequeno ser. Que criatura adorável! Exclamou. A sua luz brilhou com uma especial intensidade por descobrir algo que lhe chamasse atenção. Este momento durou pouco tempo, mas foi o suficiente para produzir um grande impacto.

Dia após dia, á noite, os encontros foram se repetindo e com isso um grande amor foi sendo solidificado. Com o tempo, isto se tornou um sofrimento, pois os dois amantes não podiam consolidar este relacionamento pela distância e incompatibilidade de ambientes. Além disso, temiam pela incompreensão dos seus semelhantes. Apesar disso, ambos procuravam resolver esta situação: A estrela falou com o astro-rei de sua galáxia para pedir permissão para namorar o peixe. O astro-rei respondeu:

"Você é uma estrela, cheia de luz e brilho. Não pode namorar um peixe. Procure outra estrela para namorar.

"Eu o amo,retrucou a estrela.

"Não pode,respondeu intransigente o astro-rei.

No mar,o peixe foi consultar o rei dos peixes a fim de explanar os seus desejos.

"Quero voar até o céu,para namorar com uma estrela!

O rei dos peixes respondeu:

"Não pode. Você é um peixe, portanto, procure outro peixe fêmea para namorar.

A angústia dos dois foi aumentando: como realizar concretamente o sentimento entre os dois? Queriam se tocar, abraçar, beijar.Porém, como transpor tantas dificuldades? Diante disso, à Terra (que observava tudo) resolveu tomar partido. Quando os dois novamente se contemplaram, à terra comunicou-se:

"Vocês querem se amar? Perguntou ela. Posso ajudá-los.

"Como? Indagou a estrela e o peixe.

"Á meia-noite, eu tenho direito de fazer um pedido ao criador. Desta feita, pedirei pela comunhão entre vocês. Tenho o observado todo esse tempo e não acho justo o sofrimento que carregam. Saibam que para o Deus amor nada é impossível. Peixe, serás o primeiro a sair do seu habitat. Nadarás até á margem da superfície, onde te cobrirei com o meu lodo e te darei um corpo terrestre. Chamar-se-á homem e dominarás todos os seres da superfície. Estrela, você despencará do céu e unir-se-á ao homem. Devem ficar unidos porque se amam. A sua luz iluminará o corpo dando-lhe um espírito. Quando se tornarem um só, o Deus amor retirará uma costela do homem e formará seu próprio corpo. Chamar-se-á mulher porque foi tirada do homem.vocês terão uma marca no corpo: no homem, essa marca será chamada pomo-de-adão e representará a recusa dos deuses dos seus respectivos habitats. Na mulher, a marca se denominará seios e representará a união dos dois e a força do amor. Ele alimentará seus frutos para serem fortes como é o sentimento de vocês. Por terem se amado sem reservas, serão também chamados "filhos do Deus amor" assim como seus frutos. No fim, o corpo de vocês morrerá, mas o amor não. Os seus espíritos subirão aos céus e lá conhecerão o Deus que os criou e unir-se-ão a ele porque ele também é o amor.

O companheiro invisível

Na antiga Bagdá existia um comerciante chamado Issacar. De modo a abastecer sua tenda e as de alguns amigos inúmeras vezes atravessava o deserto. Em todas essas viagens raramente encontravam alguém no caminho, pois o deserto era um lugar seco e perigoso. Num dia de exceção, encontrou-se com certo homem que aparentava ser camponês. Este, parara seu dromedário e pedira água. O comerciante gentilmente cedeu um pouco apesar de ser um líquido raro. O homem, após beber exaustivamente, o rendeu roubando toda a sua mercadoria.

O nome do indivíduo era Aramis. Boa parte da mercadoria que roubara iria ajudá-lo com as despesas de sua casa. O restante utilizaria para comprar presentes e ofereceria aos sacerdotes do seu templo. E assim o fez. Compareceu ao templo e encontrou um mestre de sua religião. Prontamente, entregou-lhe alguns donativos. O mestre impressionou-se com a grandeza desses presentes e desconfiou imediatamente, pois ele era um simples camponês. Resolveu perguntar:

"Como conseguiu semelhantes presentes?

"Trabalhei duro este ano e por isso consegui comprá-los-respondeu ele.

A voz do pilantra não saíra firme e o denunciou. O mestre respondeu:

"Eu não aceito essas oferendas. São impuras. Devolva-as ao dono imediatamente.

O camponês ficou perplexo quanto á astúcia do mestre.

"Como sabe que não são minhas? Eu estava sozinho quando pratiquei o delito-observou.

"Engano seu. Você não estava sozinho. Sua consciência o acompanhou todo o tempo e o delatou-replicou o mestre.

O bêbado E o consciente

Henrique era um jovem de alta classe social. Entretanto, não se sentia feliz por essa condição. Um dos motivos disso é que se sentia abandonado pelos pais os quais o entregaram desde o nascimento aos cuidados de uma babá e por isso não se sentia amado por eles. Na infância sempre fora uma criança problemática e na adolescência tornou-se um jovem revoltado. Um exemplo disso é que ele deixava de frequentar a faculdade de modo a divertir-se em festas públicas e particulares. Nestas ocasiões, ele acabou encontrando o caminho das drogas como a maconha, o tabaco, a cocaína e o álcool. De certa forma, as drogas era uma forma de chamar a atenção dos pais, mas nem isso foi suficiente para despertá-los.

Certa vez, estava num bar drogando-se quando caiu inconsciente. Um dos seus familiares chegou e começou a espancá-lo e xingá-lo e nesse momento um dos integrantes de uma ONG que ajuda jovens drogados estava presente e revoltou-se com a atitude do familiar. Levantou-se da mesa em que estava e com delicadeza segurou Henrique e o despertou. O estranho falou:

"Bêbado está você que não percebe que este rapaz precisa de ajuda. Bêbado de preconceito e ignorância!

Com isso, Henrique declarou:

"Estou bêbado e mesmo assim entendo que o meu verdadeiro familiar é este homem, pois ele se importou comigo ao contrário de você que só me criticou.

O antiquário

Ti Juan era um pequeno mercador da China. Em sua banca, comercializava várias quinquilharias que eram consideradas sagradas para ele. Por força das circunstâncias era obrigado a vendê-las. Numa dessas ocasiões, um parlamentar aproximou-se de sua pequena tenda com a finalidade de comprar uma peça para sua residência. Ao chegar, imediatamente apontou para uma escultura de mulher cravejada de espinhos e adornada com uma coroa de ouro. Ele começou a negociar.

"Quero aquela peça. Quanto custa?

Ti Juan empalideceu e murmurou contrariado:

"Não está à venda. É uma peça de valor sentimental.

O parlamentar retrucou:

"Eu pago bem. Ofereço a você um milhão de dólares por essa peça.

"Nem por um bilhão eu a vendo. Não há negócio.

Nesse ínterim, apareceu um pequeno camponês tendo á mão uma escultura de argila.

"Senhor, poderia adquirir essa peça? Fui eu mesmo que a fiz.

O mercador a examinou e começou a negociar sua compra.

"Dinheiro, eu não tenho, mas posso oferecer algo em troca. Que tal um aperitivo?

"Nem pensar. Eu a troca por aquela peça (apontando para a escultura pretendida pelo parlamentar).

"Endoidou, menino? Você sabe o valor daquela peça? Saiba que ela pertenceu a uma lendária princesa da antiga Mesopotâmia.

"E daí? A troca será mais favorável a você do que a mim.

"Por quê?

"A minha obra é esplendorosa e moderna enquanto a sua traduz sofrimento e impregna o ambiente de má sorte. Como diz um velho ditado: "Retira do teu baú os objetos velhos e os substitui por novos".

O mercador pensou por alguns instantes e depois se decidiu:

"Pode levar. Nos últimos tempos, ela só me trouxe dor de cabeça. A partir de hoje, reciclarei o meu comércio: venderei objetos velhos e novos que transmitam bons aspectos. Faça bom proveito dela e continue resplandecendo os seus dons. "As nossas obras têm que ser vistas por todos".

O bibliotecário

César trabalhava como bibliotecário numa grande biblioteca há mais de dez anos. Era um grande conhecedor do acervo de livros que a constituía. Certa vez, um jovem aproximou-se dele e perguntou:

"Poderia recomendar-me um bom livro?"

Ele respondeu:

"Trarei alguns e você escolherá.

Em pouco tempo, ele veio abarrotado de livros proveniente da estante principal e os colocou aleatoriamente sobre uma mesa. Havia livros de todos os tamanhos e peculiaridades. César convidou:

"Vamos. Escolha o que mais lhe agrada.

O jovem os manuseou e os observou atentamente. Finalmente decidiu-se:

"Quero este aqui: É bem maior que os outros e tem uma capa linda. Aqui deve estar escrita uma história impressionante e instigante.

César riu e comentou:

"Engano seu. Vê este livro que estou manuseando? Eu o li e acredite: ele é mais interessante do que este livro enorme que você escolheu. Nestas poucas páginas há muito mais conteúdo que possa imaginar. Veja bem: A capa e o tamanho do livro não o define. "Somente quando lemos é que conhecemos o seu verdadeiro valor".

Então o jovem largou o livro que tinha às mãos e concluiu:

"Está certo. Levarei este menor, pois confio na sua análise. Na volta, contarei minha opinião sobre ele.

Os dois despediram-se e voltariam a ver-se quinze dias depois. No reencontro, o bibliotecário o recebeu amavelmente e prontamente foi indagando:

"E, nessa altura? Gostou ou não gostou do livro?

"Adorei. É realmente impressionante o seu conteúdo: fala da história pessoal de um jovem que encontra numa gruta a última esperança de realizar os seus sonhos. O título tem tudo a ver: "Forças opostas: O mistério da gruta". Quem o comprar, não se arrependerá, pois, é muito interessante e instrutivo.

"De qual parte você mais gostou?

"Da experiência na gruta e de como o personagem principal transformou-se no vidente.

"Eu não concordo. Em minha opinião, a parte depois da visão é a mais interessante. Porém, respeito a sua opinião.

"Eu também respeito a sua. Com você, aprendi que o juízo que fazemos sobre algo ou alguém é extremamente parcial e subjetivo. Obrigado pela lição.

O prevenido e o imprudente

Rosinha e Frufru eram dois homossexuais que se prostituíam. Todas as noites, ficavam à beira duma esquina a oferecer seus préstimos a quem passasse. Rosinha era ética, pois só aceitava a relação se o homem fosse solteiro e portasse o preservativo. Já Frufru não tinha essa preocupação.

Certa noite, frufru desmaiou em plena avenida. A sua amiga Rosinha cuidou de chamar a ambulância de modo a socorrê-la. Por sua conduta sexual, foi submetida a vários exames e um deles constatou que Frufru era portador do vírus HIV. Agora ela fazia parte da multidão que estava condenada a morrer prematuramente. Depois que voltasse às noitadas, ela seria um instrumento de morte para outras pessoas. Iniciando assim um novo ciclo da doença.

Apesar de todas as Campanhas, o HIV continua a espalhar-se rapidamente. Ele não escolhe raça, credo, opção sexual ou origem social. Todos correm o risco de serem infectados e a prevenção é o melhor e o único meio de estancar essa epidemia. Não faça como a Frufru e sim como a Rosinha: Previna-se, cuide-se, ame-se.

A chave

Elias era um chaveiro aposentado do interior de Pernambuco. Apesar do salário fixo que possuía, vez ou outra praticava seu antigo mister. Numa dessas vezes, atendeu uma senhora que havia ligado aflitamente por perder a chave da porta de seu apartamento. Ele pegou seu velho carro em sua garagem e com ele um molho de chaves dos mais variados tipos e formas. Certamente, uma delas serviria para abrir a porta da citada senhora.

Chegando ao destino, cumprimentou a sua cliente e pediu que ela se acalmasse, pois, resolveria o problema. Repetidamente, a mulher pronunciava:

"Abra a porta. Tenho algo importante para fazer. Esforce-se."

O chaveiro, um pouco aborrecido pela pressão e insistência da senhora, experimentou várias chaves até conseguir abrir a porta. A mulher suspirou aliviada:

"Ainda bem que conseguiu. Obrigada! Aqui está seu pagamento (entregando-lhe algumas notas). A gorjeta está incluída. Quando estiver novamente em dificuldades, posso chamá-lo?

"Claro que sim. Entretanto, não é necessário ficar tão aflita. Quando se fecha uma porta para nós, Deus (em sua misericórdia) sempre dá uma alternativa: outra chave, outra entrada, um novo caminho. Portanto, não se preocupe desnecessariamente.

Dito isto, o chaveiro despediu-se e encaminhou-se para o seu carro. Antes de entrar, ouviu um grito da mulher e voltou-se para ela.

"Diga-me, senhor, há uma chave para declarar-se sinceramente de alguém?

"Eu não conheço nem possuo. Porém, muitas vezes, somos nós que fechamos a porta de nossos corações. Um conselho: não tente abri-lo a força, utilizando várias chaves. Antes, abra sua porta e resplandeça seguramente e sincera todas as suas atitudes e sentimentos. Isto é o suficiente para conquistar o outro em toda a sua plenitude.

"Obrigada pelo conselho. A chave estava na minha frente e não percebi.

"Para destrancar portas na vida é necessário entrega, honestidade e humildade".

O Sapo e a Borboleta

Havia, num determinado habitat, um sapo e uma borboleta. Ambos gostavam de passear: A borboleta, para mostrar sua estonteante beleza e arrogância; o sapo, para procurar alimentos. Certa vez, encontraram-se e ficaram a se admirar. A borboleta não se conteve e indagou:

"Por que Deus criou semelhante aberração? Só deveria existir o belo. Pobre criatura, porque não se suicida?

"Não, minha senhora. Não é necessário isso. Sinto-me tão bem quanto você. O feio não existe na natureza e sim o diferente. Saiba que tenho utilidade no ecossistema: Sou um importante redutor de pragas. Além disso, trago prosperidade e esperança. Enquanto que a senhora com sua beleza não realiza um mister importante. Aliás, pode até causar prejuízo a alguns seres vivos. O que a senhora tem de belo por fora tem de podre por dentro pois não sabe o que é o respeito. Devia envergonhar-se disso.

Diante da resposta do sapo, a borboleta calou-se e retirou-se imediatamente do local. Sua empáfia foi quebrada e ela nunca mais criticou ninguém. Depois da lição, lembrou-se do tempo em que era uma horrível lagarta e nem por isso era menos importante para Deus.

Uma importante lição

Na Grécia, existia um importante sábio famoso em toda a região. Era considerado assim por resolver casos complicados. O seu conhecimento e sabedoria provinha de uma única fonte: os livros que compunham sua extensa biblioteca. Com o tempo, convenceu-se que chegou a um nível elevado de intelectualidade. Por isso, resolveu praticamente isolar-se do mundo. O único contato que permanecera como mundo real eram as sessões de atendimento que ocorriam uma vez por semana. Em seu tempo restante, cuidava da casa e praticava meditação além da leitura de novos livros.

Certa vez, em uma das sessões de atendimento, recebeu a visita de um jovem duma aldeia próxima. Como os outros, entrou comportadamente, fez a reverência necessária e sentou-se ao seu lado. Lançou o seguinte desafio ao sábio:

"Mestre, qual é o verdadeiro significado da palavra amor?

"Amar é um jeito sutil de fechar os olhos á realidade e se concretiza na entrega completa á uma pessoa sem medir as consequências. Quem ama sente-se fraco, inseguro e carente da companhia de quem se ama.

"Entendo. O senhor já amou?

"Não, eu nunca amei. Eu estava ocupado demais na minha busca pelo conhecimento e, além disso, amar dificulta a evolução rumo ao infinito.

"Então seu conhecimento não tem fundamento. A prática não pode dissociar-se da teoria. Em que se baseia para qualificar o sentimento complexo amor?

"Nos meus estudos. Eu já pesquisei este tema em inúmeros registros. Com isso, tirei minhas próprias conclusões.

"Mestre, o senhor acredita mesmo que isto seja o suficiente? Nos registros que teve acesso estão gravadas impressões e opiniões de outras pessoas com características e personalidades diferentes da sua. Basear-se neles para conceituar o amor torna sua opinião extremamente superficial. Em verdade, não há um conceito fixo para isso e já tive uma experiência que me faz garantir que o que eu senti não é nada parecido com a sua definição. Em minha opinião, amar é abrir os olhos para uma nova realidade cheia de cores e de sentido e além de tudo é seguramente uma forma de evolução completa e perfeita que engloba dois mundos. Quem ama sente-se forte mesmo nos momentos difíceis e consegue confiar na boa índole do outro? Enfim, amar é viver cada dia sem fugir dos problemas do mundo. Quando se ama, o que parece obstáculo pode ser encarado como experiência e isto é algo que não descobrirás em nenhum livro, pois faz parte da prática. Não é aqui, entre quatro paredes, que o senhor evoluirá e encontrará a paz, pois ela se constrói em nós mesmos e isso só é possível se abrirmos, a cada dia, nossos sentimentos para o próximo e para o mundo. Renunciar a isto é perder a parte mais importante da vida.

O mestre, ante a resposta do aprendiz, ficou estupefato e sem saber o que dizer. A contestação colocou por terra todo o conhecimento que ele supunha possuir e agora não tinha mais argumentos. Sentado em sua cadeira como se fosse num trono não percebeu que o sol descia e subia em simultâneo, em que ele se fechava em seu mundo. Humildemente, levantou-se do seu altar e assim respondeu ao jovem:

"Você é o verdadeiro mestre. Eu não sou digno de ser chamado assim. Você me mostrou o quanto minha sabedoria é limitada e meu conhecimento também. Está vendo estes livros?(apontando para sua imensa biblioteca). A partir de hoje, não os quero mais. Doarei todos aos meus conterrâneos pobres. Sairei dessa clausura e andarei mundo afora á procura do verdadeiro conhecimento: A experiência. Quanto a você, venha. Eu te darei o meu trono e minha autoridade e por isso serás exaltado por reis e magnatas e marcará seu nome na história.

O jovem respondeu:

"Eu não quero, pois, não me interesso pelo poder nem pela ostentação. O meu único objetivo é alcançar algo parecido com que se chama felicidade. A sabedoria também não me pertence e nem estou disposto a esforçar-me para procurá-la. Diante de Deus, não há sábio, pois, nossas ciências e investigações são consideradas loucura para ele. Em verdade, o criador é o verdadeiro sábio e é inerente a ele o trono, o poder, a bondade e a autoridade com toda a justiça.

Parábola da vida

A vida é um grande campo onde se semeiam inúmeras e diversificadas espécies de sementes. Algumas apodrecem seja por estar em terreno pedregoso, caudaloso, seco ou por não serem regadas corretamente. Outras frutificam e tornam-se árvores cheias de ramos e frutos por estarem em terrenos férteis e serem bem cuidadas.Mas qual o sentido da vida? Como compreender o grande mistério da criação e ser nela agente da vontade de Deus se nem ao menos o conhecemos para entender sua vontade e seu projeto? Vejamos o seguinte conto:

Numa grande floresta do Brasil, havia dois lenhadores: ambos eram casados e tinham filhos. Habitavam em cabanas próximas e viviam da extração dos recursos naturais que o habitat proporcionava.

Chamavam-se João e Pedro. João e seus filhos trabalhavam do lado norte em relação à sua cabana, numa área de trinta hectares. João aprendera com seu pai a manejar a floresta: era adepto da coleta seletiva, uma forma de desmatar sem prejuízos para a natureza. As árvores maiores e mais largas eram derribadas, tomando-se cuidado para que na queda não prejudicasse as árvores vizinhas. A coleta era periódica, para não afetar o ritmo e o estoque natural da floresta. Assim teria madeira em abundância enquanto vivesse. Repassava o que aprendera do pai para os filhos. Na caça e na pesca, respeitava a desova e o período da reprodução contribuindo assim para evitar as posteriores extinções de espécies. A cada dia, caçava e pescava apenas o suficiente para sua sobrevivência e da sua família. Nunca matou os animais por esporte e ensinava aos filhos para eles fazerem o mesmo. Cultivava também um pequeno espaço de três hectares onde semeou grãos de feijão, milho, abóbora, melancia, raízes e mudas de outras plantas. O seu cultivo diferia dos demais: nunca praticava queimadas para limpar o terreno, pois sabia que essa prática esgotaria os nutrientes do solo e à terra em pouco tempo tornar-se-ia infértil. Ensinava isso também aos filhos. Além dessas práticas, aprendera a respeitar, amar e valorizar sua família, a floresta e seus ecossistemas, o seu município, estado e país. Desde pequeno, percebera que tudo é interligado como numa grande teia de aranha. Se cortasse alguns desses fios, tudo seria prejudicado (inclusive ele). Sentia-se parte integrante da natureza e não dono dela. Não conhecia Deus, mas acreditava em sua existência e aprendera a descobrir sua vontade através das próprias criaturas. Era feliz e ensinava a todos como atingi-la principalmente os filhos que eram seu maior orgulho e tesouro. Eles seriam árvores possantes, com ramaria abundante e totalmente integrados á vontade de um ser superior.

Pedro era o vizinho de João. Ele e seus filhos trabalhavam do lado sul em relação á sua cabana, numa área de sessenta hectares. Pedro aprendera a não respeitar a floresta: coletava seus recursos desordenadamente e desorganizada (todas as árvores de valor comercial eram derrubadas sem nenhum planejamento). Utilizava-se de instrumentos agressivos de coleta que destruíam tudo á sua volta. Sempre dizia a si mesmo: quando escassear madeira aqui, procurarei em outro lugar (como se a madeira nunca acabasse). Ensinava esse método aos filhos. Na pesca, super-explorava as espécies de maior importância e não respeitava a desova mesmo com os incentivos do governo. O lucro para ele era mais importante. Era adepto do capitalismo. Na caça, além de matar para seu sustento e para as vendas, gostava de assustar os animais e prejudicá-los por esporte. Em sua consciência, pensava ser dono de tudo aquilo e agia da forma que lhe aprouvesse. Ensinava isso também aos filhos. Na agricultura, utilizava a queimada para não ter muito trabalho. Quando o terreno se esgotasse, ele procuraria outro e repetiria o mesmo erro. Ensinava os filhos a agirem da mesma forma. Com relação á religião, não acreditava em Deus. Para ele, a vida era apenas uma forma de exploração dos mais fortes sobre os mais fracos. Os seus filhos seriam árvores estéreis, pois geralmente somos o que aprendemos.

Infelizmente, o que se vê é um aumento generalizado de pessoas como Pedro nesse país. Com a destruição crescente de nossos recursos, o que nos resta? Já destruímos a mata atlântica, a floresta dos pinhais e tantas outras aglomerações de mata bruta.Já poluímos rios, nosso ar; já reduzimos a quantidade de espécies vivas. As pessoas como João sãos poucos e raros. Os que agem dessa forma são chamados idiotas. Somos idiotas porque respeitamos a vida e nos contrapomos ao modelo adotado de produção, modelo este globalizado. Porém, somos dignos e modelos de árvores boas que produzem, frutificam, crescem e dão boa sombra para quem a procura. É isto que Deus quer.

O pescador e os peixes

Havia, tempos atrás.no semi-árido nordestino, um rio. Este rio era o mais importante da região por ser criadouro de inúmeras espécies de peixes e por possuir uma das águas mais límpidas e potáveis do semiárido. No verão, como a maioria dos rios desta região, ele secava. Neste período, a maior parte da população mudava-se em busca de melhores condições de vida. Entretanto, numa época dessas um ribeirinho ficou, pois, acreditava na força da terra apesar de ela estar cansada e ser estéril. Ele sonhava com o dia em que o sertão fosse abençoado e tivesse as condições para proporcionar aos seus habitantes uma vida digna. Embora isto não passasse de apenas um sonho.

A cada dia que se passava, a fome apertava e a sede também. A pouca água disponível era disputada ardentemente por pessoas e animais. Com o agravamento da situação, o pescador resolveu cavar seu próprio poço. Enquanto cavava, sua mente voou em inúmeros pensamentos sobre a outrora fartura que dispunha: os inúmeros peixes que pescava, os animais gordos que conseguia abater e a brisa suave que agora era substituída por um calor forte, abrasante e sufocante. Finalmente terminou e qual não foi sua surpresa ao encontrar um pequeno cardume vivos, límpidos, gordos e sadios. Ele perguntou aos peixes:

"Como vocês conseguiram sobreviver á seca?

"Simples. Estávamos ressequidos e encurralados pelo sol em uma pequena poça de água que secava cada vez mais depressa. A morte se avizinhava quando percebemos estarmos próximos de um dos buracos feito por vocês, do verão anterior. Um a um, conseguimos pular no buraco e alcançar a água restante. Há sempre uma alternativa para nossos problemas. Às vezes, é só pensar um pouco e olhar para o lado que os resolvemos. O pior seria acomodar-nos sem tentar. Estaríamos mortos agora. Quando chegar a cheia, a água inundará esse local e a vida recomeçará.

"A vossa atitude foi sábia. Entretanto, sou obrigado pelas circunstâncias a comê-los. Em respeito ao rio, deixarei um de vocês sobreviver. Será a garantia de uma safra suficiente de peixes para o próximo ano.

Então ele os pegou e os levou para casa. Os peixes clamaram por suas vidas, mas ele não os escutou. A fome e o desespero dos seus filhos falaram mais alto. "Os problemas e os objetivos dos outros ficam em segundo plano frente aos nossos" e o "mais forte faz valer a sua força".

Conclusão

Parábolas do Reino e de Sabedoria foi escrito tendo como objetivo repassar conhecimentos para os leitores em geral. Espero ter alcançado o objetivo e feito o leitor melhorar como ser humano.

Quanto ao aspecto do livro, ele pode ser classificado como um livro de parábolas sobre os temas gerais Reino de Deus e Sabedoria. Para escrevê-las inspirei-me no mar de sabedoria do criador e junto comigo ele tem o mérito o livro. Espero ter contribuído nos dois aspectos gerais anteriormente citados. Obrigado pela atenção, leitores. Um abraço e nos encontramos no próximo livro.

Final

www.ingramcontent.com/pod-product-compliance
Lightning Source LLC
LaVergne TN
LVHW020440080526
838202LV00055B/5286